Lost Places in Mecklenburg
Diese Gebäude musst Du erforschen

AF194292

Herold zu Moschdehner

Lost Places in Mecklenburg

Diese Gebäude musst Du erforschen

Bibliografische Information der Deutschen
Nationalbibliothek
Die Deutsche Nationalbibliothek verzeichnet
diese Publikation in der Deutschen
Nationalbibliografie; detaillierte bibliografische
Daten sind im Internet über http://dnb.d-nb.de
abrufbar.

ISBN 9783756207671

9,99 Euro

Du bist gerne unterwegs und entdeckst marode Geschichte neu? Du filmst es und hast einen Youtubekanal oder möchtest einen schaffen? Dieses Buch gibt Dir die richtigen Impulse und verrät Dir die jeweiligen Orte. Begib Dich in die Städte, nenne meinen Hinweis und man wird Dich leiten.

Viel Spaß dabei.
Herold zu Moschdehner

Bobitz – Alte Wäscherei

Rostock – Kabelwerk

Schwerin – Alte Nervenklinik

Güstrow – Seilmacherei

Neuruppin – Alte
MenschenMenschenAffenzuchtanlage

Neustadt -Glewe – Alte Burgruine (Erdschacht)

Insel Dänholm - Militärisches Gebiet/Bunker

Binz – Altes Hotel

Hiddensee – Haus von Gerart Hauptmann
(Weinkeller – Geheimer Gang)

Neubrandenburg – Kellergewölbe des Fingers

Anklam – Ruine des historischen Postgebäudes

Wismar – Zollgebäude am Hafen

Crivitz – Bahnhofsgebäude

Stralsund – Alte Werftgebäude

Wernigerode – Lost Place EntdeckerPark

Teterow – Swinger Club von 1899

Waren – Fischereianlage Aalmolke

Jarmen -Glühbirnen Verein

Altentreptow – Schnapsbrennerei

Möllenhagen – Behindertenwerkstatt

Gottmansförde – Kutschers Stube

Wittenförden – Massagepraxis Köttel

Malchow – Waldhäuschen zu Glucks